LES MINI LAROUSSE

Les 50 règles d'or de l'entretien d'embauche

Jean-Yves Arrivé

LAROUSSE

21 rue du Montparnasse 75283 Paris Cedex 06

Sommaire

Préparez l'entretien

UNE ÉVIDENCE ?

Mais à y regarder à deux fois, on se pose des questions ! Nombre de candidats envoient des CV non actualisés « je n'ai pas eu le temps de rajouter mes dernières expériences » ; ils semblent découvrir en entretien de recrutement l'activité de l'entreprise dont ils ont pourtant écrit dans leur lettre de motivation « qu'elle était leader sur son marché », formule creuse et pas forcément toujours pertinente quand on la trouve par exemple sur une demande d'emploi pour une ONG !...

On voit bien qu'ils sont venus les mains dans les poches ! Donc, vous avez un rendez-vous dans deux jours : où en êtes-vous ?

- Avez-vous cherché à savoir quelle image l'entreprise que vous avez contactée avait dans son environnement, ce qu'elle produisait comme biens ou services ?
- Avez-vous réuni les documents de base : la lettre de motivation que vous avez envoyée et votre CV,

copies de diplômes, certificats de stages, lettres de recommandation ?

- Avez-vous réfléchi aux questions qui vous attendent et vous êtes-vous préparé à y répondre ?
- Comment allez-vous vous habiller, quelles attitudes et quels comportements adopter ?
- Comment valoriser votre parcours, vos expériences ?
- Vous êtes au clair avec votre projet professionnel ?
- Êtes-vous à l'aise pour prendre la parole et valoriser les atouts de votre candidature ?

À SAVOIR

Vous n'êtes pas vraiment prêt en fait ? Vous avez compris l'intérêt de vous préparer ? Eh bien justement, il vous reste 49 règles à mettre en œuvre pour mettre toutes les chances de votre côté… Commençons dès maintenant si vous le voulez bien !

Gérez la relation téléphonique

DE LA COURTOISIE

• On vous appelle pour vous proposer un rendez-vous : soyez courtois, cordial. Nous entendons souvent nos assistantes nous dire : « Celui-ci n'a pas l'air bien motivé, aucune date ne lui convient... je ne le sens pas très dynamique... et en plus il s'exprime mal, il est à peine aimable ».
• Ou bien au contraire : « Il a l'air de bien connaître le métier, le contact était très pro », « il a accepté de venir très tôt sans problème ».
• Ce n'est pas le moment non plus pour poser mille questions sur l'entreprise, le poste, voire le climat relationnel comme nous l'avons entendu récemment (« c'est sympa l'ambiance, dans ce département ? »).

DEMANDEZ DES PRÉCISIONS

En revanche, faites-vous préciser clairement le lieu du rendez-vous, le nom de la personne qui vous recevra, éventuellement les moyens d'accès, la durée approximative de l'entretien (n'oubliez pas que parfois on pourra vous demander de réaliser un test et que vous allez peut-être devoir rester 1 h 30 ou 2 heures, donc prévoyez large).

Reformulez précisément l'information que l'on vous donne (donc j'ai rendez-vous le mardi 14 mars à 15 h 30 avec M. Leduc au siège de l'entreprise Delta, 17, rue de l'Aqueduc à Courbevoie).

SOYEZ PATIENT

Quelque temps plus tard, lorsque vous allez reprendre contact pour savoir où en est votre dossier, soyez compréhensif, même si les délais ne sont pas tenus.

• Un candidat qui s'impatiente, soupire au bout du fil peut aussi indisposer l'interlocuteur. Celui-ci comprend bien sûr que la décision est importante pour vous, mais il aimerait que vous entendiez de votre côté que ce n'est pas le seul dossier qu'il doit traiter !

• Soyez poli et coopératif : « à quel moment puis-je rappeler ? » ou « pensez-vous avoir la réponse si je rappelle mercredi matin ? ».

Entraînez-vous aux entretiens

UN JEU DE RÔLE

Idéalement, le jeu de rôle avec votre entourage va vous permettre de recevoir un premier feed-back.

AVEC UN AMI

Confiez à un ami l'annonce à laquelle vous avez répondu, votre lettre de motivation et votre CV. Demandez-lui de se mettre dans la peau du chef d'entreprise ou du DRH qui va vous recevoir... et conseillez-lui de lire ce livre avant de commencer !

• Ce type d'exercice est un excellent entraînement et vous pouvez être sûr que votre copain va même être plus dur, plus exigeant avec vous que ne le serait votre futur employeur !!!

• Donnez-lui au préalable une description du poste, une « fiche métier » s'il ne le connaît pas bien.

• Laissez-lui un peu de temps pour préparer ses questions, en ayant votre CV et votre lettre de motivation à portée de main.

POUR S'ENTRAÎNER SEUL

• Utilisez le dictaphone ou le caméscope. Vous aurez préparé au préalable les questions que vous imaginez être celles de votre interlocuteur. Vous allez y répondre en vous mettant vraiment en situation.
• Repérez vos tics langagiers, mots parasites : « je veux dire », « enfin bref », « un petit peu »...
• Observez-vous comme dans un miroir :
Articulez-vous bien ? Êtes-vous audible ? Respirez-vous convenablement ? Que dire de votre gestuelle ?
• Revenez ensuite à votre présentation en étant attentif au contenu du discours :
Êtes-vous exhaustif ? N'avez-vous pas trop valorisé une expérience au détriment de l'ensemble de votre parcours ? Avez-vous vraiment et complètement répondu aux questions posées ?

En répétant régulièrement l'exercice, vous allez vous sentir progressivement plus à l'aise...

Enquêtez sur l'entreprise

Vous avez de multiples moyens pour cela grâce aux outils disponibles sur le Web. Les moteurs de recherche en tous genres vous permettent de connaître l'entreprise.

LES BONNES QUESTIONS

- Quelles sont les principales activités de l'entreprise, sa performance économique, ses projets de développement ?
- Est-ce une petite entreprise familiale, ou au contraire un groupe déjà implanté à l'étranger ?
- Qui sont ses dirigeants, quelles déclarations récentes ont-ils pu faire dans les médias ? C'est le moment d'être curieux.

Vous pourrez ainsi, tout au long de l'entretien, à chaque fois que l'occasion se présente, montrer que ce n'est pas par hasard que vous avez répondu à l'annonce ou que vous avez décidé d'envoyer une candidature spontanée.

Votre connaissance de l'environnement de l'entreprise en sera le témoignage.

PROSPECTEZ SUR LA TOILE

• N'oubliez pas de vérifier s'il existe une page Facebook, ou si des collaborateurs de l'entreprise ont un profil sur Viadeo ou Linkedin.
• Peut-être seront-ils des sources d'information intéressantes, si vous expliquez que vous souhaitez les rejoindre... ?
• Attention à ne pas être « harcelant » ; les collaborateurs de l'entreprise que vous avec contactés sur le Net ne sont pas du tout tenus de vous répondre.
• S'ils s'expriment de manière négative sur leur employeur, n'en tirez pas de conclusions hâtives et évitez, pour votre part, de tenir des propos critiques ou dévalorisants. Vous ne savez pas à qui vous parlez précisément et ce que votre interlocuteur fera de vos déclarations.

CONSEIL

Sur le Net, apprenez la retenue et la discrétion.

Préparez vos références

Il est fréquent qu'au cours de l'entretien, on vous demande des références, les coordonnées de personnes qu'il est possible de contacter pour témoigner de vos compétences, de votre expérience dans leur entreprise, leur administration.

LA LOI ENCADRE CETTE DÉMARCHE

Un ancien employeur n'a pas le droit de parler négativement de vous ou de préciser dans quel contexte vous êtes parti. Néanmoins, le recruteur sait aussi lire entre les lignes...

- Si, en parlant au DRH de la dernière entreprise où vous travailliez, il entend un discours neutre ou vague, une réponse du type « je n'ai pas de commentaire particulier à faire », « il n'y a pas eu de problème spécial », il est néanmoins fondé à imaginer que vous n'avez pas laissé un souvenir impérissable !

• En général, lorsqu'un étudiant en stage ou un collaborateur a laissé une bonne impression, s'il s'est impliqué dans son travail et a obtenu de bons résultats, aucun employeur ne se privera de l'exprimer clairement, bien au contraire.

INFORMEZ LES PERSONNES CONCERNÉES

• Avant de communiquer des coordonnées, il est préférable d'avoir informé au préalable les personnes concernées de votre démarche et d'avoir obtenu leur accord. Rien ne dit d'ailleurs que votre futur employeur va utiliser ces informations au final : il est libre de le faire ou non.

• S'il constate que vous avez des contacts à proposer, cela laissera une impression positive, donc un bon point pour vous !

CONSEIL

Soyez sans inquiétude et préparez une petite liste que vous pourrez communiquer à la demande.

Maîtrisez votre discours à l'entreprise

Le CV est censé retracer un parcours de formation et un itinéraire professionnel. Il met en valeur des compétences maîtrisées, des connaissances, la maîtrise de langues étrangères, de logiciels bureautiques, des expériences extraprofessionnelles.

Fort bien. Vous devez donc parler de votre parcours en évitant de plonger sans cesse le nez dans votre CV ; vous en connaissez les grandes lignes, les dates clés. Un candidat qui lit en permanence son texte amène à s'interroger sur l'authenticité des informations données !

Vous avez parlé de l'entreprise dans votre lettre de motivation. Vous avez argumenté l'intérêt pour le poste et les qualités et compétences qui justifiaient votre candidature. Le jour de l'entretien, soyez en cohérence avec ce que vous avez écrit...

Préparez votre « kit » d'entretien

CE QU'IL VOUS FAUT EMPORTER

Vous avez avec vous un classeur qui contient des exemplaires de votre CV et de votre lettre de motivation, des lettres de recommandation, des documents illustrant vos réalisations.

Sachez que tout employeur est fondé à vous demander ce type de document : soyez donc prêt à les remettre, quand bien même vous les auriez déjà transmis par courrier électronique.

Vous aurez au moins deux stylos, un bloc-notes (préférable à des feuilles volantes) où vous garderez des traces de vos différents entretiens. Et n'oubliez pas le paracétamol et les lingettes détachantes... !

Ajoutez une bouteille d'eau, des mouchoirs et un bon bouquin, et vous êtes paré pour remplir un formulaire à l'accueil, faire face aux attentes, aux gestes maladroits dus au stress.

Soyez ponctuel

C'EST ÉVIDENT ET IMPORTANT !

Vous avez reçu par téléphone ou par mail la date et l'heure du rendez-vous. Commencez par confirmer que vous avez eu connaissance du message et que vous serez présent au jour et à l'heure fixés...

• Demandez le cas échéant des précisions sur le lieu, les moyens d'accès et le nom de l'interlocuteur que vous demanderez à l'accueil.

• Vous pouvez faire en amont une recherche par Internet. Si vous vous déplacez par les transports en commun, imprimez l'itinéraire et le plan du quartier où est située l'entreprise.

• Évaluez le temps de trajet en comptant les déplacements à pied.

À SAVOIR

Présentez-vous à l'accueil 5 à 10 minutes avant l'heure du rendez-vous.

• Si vous vous y rendez en voiture, le GPS vous y emmènera sans encombre.

PRÉVOIR DES DÉLAIS SUFFISANTS

Attention, il faut pouvoir faire face aux aléas : bus supprimé, embouteillage…

• Il vaut mieux arriver un peu en avance et patienter devant un bon café à quelques mètres du lieu de destination.

• Profitez-en pour lire, jouer sur votre téléphone. En tous les cas, éviter de parcourir une énième fois votre CV : vous avez déjà bien préparé votre rendez-vous, alors relaxez-vous !

RESTEZ ATTENTIF ET DISCRET

• Tout va bien se passer ! Observez les lieux, la façon dont les gens communiquent, se saluent (ou non !). Ce sont autant d'indicateurs sur le climat de l'entreprise.

• Feuilletez les documents institutionnels et les revues disponibles dans la salle d'attente.

• Restez discret, ne répondez pas bruyamment au téléphone, n'étalez pas de documents personnels… Vous ne savez pas qui sont celles et ceux qui patientent près de vous !

Soignez votre apparence

NI DÉGUISÉ(E) NI NÉGLIGÉ(E) !

Une jeune femme habituée à porter jeans et baskets aura bien du mal à être crédible si elle met pour la première fois un tailleur strict avec des escarpins ! Ce sera la même chose pour le jeune homme qui a décidé de revêtir un costume sur demande.

LA TENUE « PARLE » DE VOUS

Il faut bien sûr tenir compte de l'activité professionnelle et de ses usages, mais aussi de ses propres goûts vestimentaires, et trouver le bon compromis…

• Néanmoins, dégagez-vous de discours comme ceux-ci : « peu importe ma tenue vestimentaire, c'est ma compétence qui compte » ; « j'aime me démarquer, ne pas ressembler aux autres » ; « je ne veux pas m'enfermer dans un style particulier ».

• Pour nombre de recruteurs et de chefs d'entreprise, une tenue correcte, voire soignée fait partie de votre langage corporel. Elle est considérée comme un reflet de la personnalité et « parle » de vous.

• Vous n'êtes pas obligé de partager cette vision, mais au moins, vous voilà prévenu.

• Et si vous avez opté pour une tenue « cool », montrez au travers de vos propos, votre capacité à vous intégrer aisément dans tous les milieux et à vous conformer aux règles et pratiques dominantes.

• Les piercings sur les lèvres, les cheveux orange fluo et le jean savamment déchiré se fondront peut-être dans le décor d'une agence de publicité ou d'un centre d'appel (et cela reste à vérifier), mais c'est nettement moins sûr dans le cabinet d'un expert-comptable ou dans une agence bancaire !!!

À RETENIR

Évitez ce qui risque de paraître excessif ou hors norme. Lorsqu'il existe des codes vestimentaires connus de tous, il paraît plus sage de s'y conformer !

Maîtrisez votre gestuelle

CES GESTES QUI VOUS RÉVÈLENT

Nos gestes, nos mimiques, nos comportements parlent tout autant de nous et de notre personnalité que nos paroles.
Soyez attentif à tout ce qui pourrait laisser transparaître un agacement, une impatience, un mécontentement... Et cette sage précaution commence à l'accueil.

• Votre interlocuteur est en retard. Ce n'est pas une raison pour harceler l'hôtesse en rappelant que vous aviez rendez-vous à 10 heures. Elle le sait et vous avez été annoncé.
• En attendant que votre interlocuteur vienne vous chercher, intéressez-vous plutôt à ce que vous voyez autour de vous. S'il y a des plaquettes de présentation de l'entreprise, de son activité, c'est le moment de vous plonger dans leur lecture.

VOTRE INTERLOCUTEUR ARRIVE ENFIN

Il vous tend la main : regardez-le en serrant cette main tendue et exprimez par un sourire la satisfaction que vous avez de le rencontrer (même s'il est en retard !).

• Au cours de l'entretien, soyez attentif à vos gestes « parasites » : le stylo dans la main avec lequel vous tapotez sur la table, votre pied qui tape nerveusement sur le sol, votre mèche, redressée pour la vingt-septième fois.

• Il ne s'agit pas de tout faire disparaître, au risque de se muer en statue de sel, mais simplement d'identifier les comportements les plus parasites pour les maîtriser.

IDENTIFIEZ VOS GESTES PARASITES

• Essayez par exemple d'identifier ce qui se passe lorsque quelque chose vous agace : sourcils froncés, yeux levés vers le ciel...

• Entraînez-vous à minimiser, voire à vous départir des manifestations les plus visibles de vos émotions négatives.

Relaxez-vous avant l'entretien

Cela ne s'improvise pas au dernier moment. La relaxation, c'est d'abord un entraînement. C'est un travail autour de la respiration notamment.

QUELQUES EXERCICES POUR S'ENTRAÎNER

Il est conseillé de réaliser régulièrement ces exercices. Il faut un peu de pratique pour obtenir des résultats satisfaisants.

• Contractez durant quelques secondes tous les muscles du corps, serrez les poings, les mâchoires, puis relâchez tout.

• Respirez alors longuement : une inspiration qui part de l'abdomen (sentez-la en posant votre main sur votre ventre), puis une longue expiration par la bouche. Essayez de visualiser l'air qui s'échappe, et imaginez que votre trac sort en même temps.

• Fermez les yeux et concentrez-vous sur une image agréable, une situation que vous aimez ; entendez les sons, regardez les couleurs.

• Massez doucement les yeux avec les paumes des mains (sans appuyer pour éviter de voir des milliers d'étoiles !)
• Étirez-vous… Entrecroisez vos mains et montez les paumes vers le ciel tout en prenant une longue et lente inspiration. Puis, dans une longue expiration, redescendez, tête vers le sol, jusqu'à enrouler votre dos.
• Cherchez à favoriser une posture verticale et à placer votre dos bien droit… Inspirez profondément en ouvrant grand votre cage thoracique et en étirant les épaules en arrière, puis expirez lentement en les laissant descendre.

À RETENIR

Ces exercices sont d'autant plus efficaces qu'ils sont pratiqués régulièrement : donc mettez les en œuvre quotidiennement, pour en tirer un bénéfice durant l'entretien de recrutement bien sûr, mais aussi tout au long de votre journée !

Éteignez votre téléphone portable !

Cela devrait être une évidence ! Malheureusement, cette pratique n'est pas encore totalement intégrée.

Attendez-vous à une réaction agacée de votre interlocuteur à l'écoute de la 5e symphonie de Beethoven ou du dernier tube électro qui surgit de votre poche.

Si, de votre côté, vous avez été prévoyant, vous vous attendez légitimement à ce qu'il en soit de même pour le recruteur. Si le professionnel du recrutement ou le manager qui vous reçoit attend un appel urgent, il serait courtois de vous informer de cet impératif et de s'en excuser ; hélas, ça ne sera pas toujours le cas.

Néanmoins, vous devrez subir ce désagrément sans pour autant vous en formaliser, sans montrer d'agacement particulier.

Évitez tout commentaire et relisez vos notes ou réfléchissez aux questions que vous aimeriez poser à votre vis-à-vis en attendant qu'il raccroche !

Installez-vous confortablement

Attendez d'être invité à vous installer. Prenez le temps de vous caler confortablement sur votre chaise ou dans votre fauteuil.

• Observez votre interlocuteur : s'il enlève sa veste, vous pouvez faire de même. Prenez le temps de regarder l'univers de votre interlocuteur, l'organisation de la pièce, la décoration…
• Essayez de vous imaginer travaillant dans cet environnement professionnel ; commencez en quelque sorte à trouver vos marques !
• Sortez posément vos documents, votre bloc et disposez-les devant vous. Vous bordez votre territoire, vous occupez votre espace. C'est aussi à ce moment qu'il vous faut faire appel aux techniques respiratoires pour faciliter la relaxation.
• Relâchez les épaules, respirez plusieurs fois à fond : vous êtes prêt à débuter l'entretien dans de bonnes conditions !

Établissez un contact de qualité

Souriez à l'approche de votre interlocuteur (un sourire authentique, il ne s'agit pas d'en faire trop), attendez qu'il vous tende la main pour y répondre par une franche poignée de main (pas trop molle en effet, mais l'objectif n'est pas non plus de lui broyer la main).

PAS DE PROPOS DÉSOBLIGEANTS

• Pour briser la glace, le recruteur vous parlera peut-être de votre arrivée : « vous n'avez pas eu trop de difficulté à trouver ? ». En réponse, évitez les commentaires désobligeants : « c'est un quartier épouvantable » ; vous pouvez plutôt préciser, l'air avenant : « j'ai eu quelques difficultés à trouver une place de stationnement, mais heureusement, j'avais pris un peu d'avance ».

• Des qualités d'anticipation, une vue positive des choses, pas de stress, un bon point pour vous !

SOYEZ SYNCHRO !

- Tout au long de l'entretien, vous pouvez rechercher, dans le but d'améliorer la qualité de la communication avec votre interlocuteur, ce que l'on appelle une « synchronisation ».
- C'est une forme d'attitude en « miroir », qui envoie des signaux à l'autre, perçus inconsciemment comme des marques positives de reconnaissance
- Vous vous mettez en harmonie avec la gestuelle de votre vis-à-vis. S'il fait beaucoup de gestes, ne restez pas immobile !
- De la même façon, soyez attentif à sa posture : très en avant ? Plutôt replié sur lui-même ? Synchronisez-vous.
- Enfin, tenez compte du débit de la voix, du volume et adaptez les vôtres.

À RETENIR

Attention à ne pas agir de façon caricaturale. On évoque ici la recherche d'une harmonisation, pas une bête imitation. Là encore, mieux vaut s'entraîner régulièrement !

Présentez votre parcours

ORGANISEZ VOTRE EXPOSÉ

Après avoir présenté l'entreprise et le poste, votre interlocuteur vous invite à vous présenter...

PRÉPARER-VOUS À RÉPONDRE À TOUTES CES QUESTIONS :

• Pouvez-nous nous résumer en trois minutes maximum votre parcours ?
• Présentez synthétiquement vos trois expériences les plus significatives.
• Vous disposez de 10 minutes pour retracer votre parcours de formation et votre expérience professionnelle, je vous écoute !
• Si une expérience et une seule devait être valorisée, laquelle serait-ce ?

Vous devez vous entraîner pour être capable, sans notes, de réaliser ces différentes présentations. Vous saurez ainsi faire face à toutes les situations

et répondre à vos différents interlocuteurs. Cela vous permet de faire des propositions lorsqu'on vous adresse une question ouverte :
- « Parlez-moi de votre parcours. »
- « Souhaitez-vous que je vous présente en détail mes principales expériences professionnelles ? »

FAITES PRÉCISER LES DEMANDES OUVERTES

Si votre interlocuteur veut en savoir plus, il vous questionnera, ou vous demandera d'élargir le champ de votre exposé.

Plutôt que de vous lancer tête baissée dans un monologue de 20 minutes, il est toujours préférable de faire préciser les attentes :
- Souhaitez-vous que je vous brosse rapidement les grandes lignes de mon parcours ?
- Désirez-vous une présentation chronologique de mon parcours de formation et de mes expériences ?
- De combien de temps puis-je disposer pour cela ?

Cela permet de poser les bases d'un échange mutuellement satisfaisant. Vous savez ce que votre interlocuteur attend de vous. C'est un bon début ! Et si jamais la réponse est : « à vous de voir », suivez votre intuition en tirant profit de votre préparation.

Donnez des exemples concrets !

… ET DES INFORMATIONS PRÉCISES

« Avez-vous déjà encadré des équipes ? Oui, j'ai été manager pendant trois ans » Eh bien, le plus souvent, la réponse sera jugée un peu courte ! Il ne suffit pas de dire que vous avez exercé ce type de responsabilité.

• Précisez le contexte, montrez ce qui est important pour vous dans ce type de rôle : « J'ai mis en place des réunions d'équipe mensuelles et des entretiens individuels de suivi d'activité chaque trimestre pour améliorer la communication et l'efficacité au travail… »

QUELQUES EXEMPLES UTILES

• N'hésitez pas, lorsqu'on vous pose une question précise : « comment faites-vous pour gérer un client mécontent ? », à illustrer votre réponse par un cas vécu : « dans mon dernier poste, face aux exigences de deux clientes mécontentes, j'ai su prendre en compte leur demande, les rassurer, leur proposer un avantage personnalisé et elles ont décidé de continuer à nous faire confiance »

• En début de carrière, on s'intéressera souvent à votre choix de formation mais pas pour s'entendre dire : « c'est un domaine qui m'intéressait ». On l'espère, mais on aimerait en savoir plus.

« J'ai choisi de préparer un bac pro vente car j'ai toujours eu le goût du contact, j'aime argumenter, mettre en valeur des produits, je déteste rester assis des heures derrière un bureau et surtout, je souhaitais rentrer rapidement dans la vie active ».

À SAVOIR

Exprimez un projet, une cohérence entre des envies personnelles et un choix professionnel. C'est en fait cela que l'on souhaite repérer chez le candidat.

Sachez gérer un ou plusieurs interlocuteurs

Les dispositifs de recrutement sont multiples, depuis l'entretien unique avec un recruteur ou un responsable ressources humaines jusqu'à « l'Assessment Center ».

DES MÉTHODES DIFFÉRENTES

Pendant plusieurs heures alternent phases de traitement de dossiers, tests, entretiens avec plusieurs interlocuteurs, exercices en groupe, jeux de rôles, la palette est variée pour le candidat.

Vous pouvez aussi être amené à rencontrer le manager direct du poste que vous visez, le responsable de site, des opérationnels.

Ces professionnels n'ont pas forcément la même manière d'aborder l'entretien. Ils se focalisent souvent plus sur les expériences passées ou sur les questions techniques relatives au poste proposé.

• Une seule solution : s'entraîner en amont, se mettre systématiquement à l'écoute de l'interlocuteur et de ses attentes, adapter vos réponses au type d'informations souhaitées.
• N'hésitez pas à le questionner : « cela répond-il à votre question ? »

LES RÈGLES FONDAMENTALES

• Si vous vous trouvez face à plusieurs interlocuteurs, n'oubliez pas que vos réponses s'adressent à tous et pas seulement à celui qui vous a posé la question.
• Veillez à regarder chacun à tour de rôle tout en vous exprimant, à vérifier si l'un ou l'autre souhaite en savoir plus sur le point traité...
• Attention au stress, il peut vous amener à privilégier celui qui vous paraît le plus attentif ou bienveillant (mais ce n'est qu'une apparence !) ou pire encore, à ne regarder personne !

> **À RETENIR**
>
> Vous devez exprimer verbalement et non verbalement que c'est bien à chacun de vos interlocuteurs que vous vous adressez !

Répondez aux questions sans esquiver

Le recruteur n'est pas, contrairement à ce que fantasment de nombreuses personnes, en train de chercher en permanence à piéger le candidat.

CERNER LA PERSONNALITÉ DU CANDIDAT

- Le recruteur souhaite en revanche recueillir une information précise, exhaustive, non seulement sur les compétences techniques, mais aussi sur la personnalité du candidat.
- En effet, un bon profil sur le papier (formation, parcours) peut ne pas réussir à s'intégrer dans l'équipe pour des raisons qui auront à voir avec sa personnalité, ses valeurs, sa vision du travail au sein d'un groupe.
- C'est pourquoi, parler aussi bien d'expériences réussies que d'échecs, de valeurs au travail, de perception de l'environnement économique, est

légitime et important dans un entretien. Il est normal d'avoir à s'exprimer sur ces sujets.

• Des questions telles que l'âge, une période d'inactivité peuvent tout à fait se justifier de façon positive. Mieux vaut éviter de rejeter la responsabilité sur la conjoncture, les entreprises qui ne seraient pas assez ouvertes.

ASTUCE

Montrez plutôt votre envie de vous impliquer, la confiance que vous avez en vos capacités à prendre le poste. Projetez-vous dans la fonction, votre interlocuteur va le sentir et c'est le plus important.

VOICI LES QUESTIONS LES PLUS FRÉQUEMMENT POSÉES

Entraînez-vous à y répondre :

• Racontez-moi votre plus belle réussite ? Un exemple d'échec ? Quels enseignements en avez-vous tiré ?
• Qu'avez-vous appris de votre dernière expérience ?
• Pourquoi avoir quitté votre précédent emploi ?

- Citez-moi une situation où vous êtes allé au-delà de l'emploi pour aider un client, un collègue ?
- Qu'est-ce qui vous attire dans notre entreprise ?
- Parlez-moi d'une situation où vous avez pris une initiative ?
- Comment aimez-vous être managé ?
- Avec quel type de collègue avez-vous le plus de mal à travailler ?
- Comment vos collègues (votre entourage) vous décrivent-ils ?
- Êtes-vous à l'aise au sein d'un groupe ?
- Préférez-vous travailler seul ou en équipe ?
- Aimez-vous relever des défis ? Décrivez le dernier que vous ayez relevé ?
- Êtes-vous mobile professionnellement ?
- Avez-vous le sentiment d'avoir fait des erreurs dans votre parcours professionnel ?
- Quelles sont les autres entreprises que vous avez contactées ?
- Avez-vous d'autres propositions pour lesquelles votre candidature est retenue ?
- Combien voulez-vous gagner ?

Posez des questions à votre interlocuteur

Le recruteur plante sommairement, en général en début d'entretien, le décor : l'entreprise, le contexte, les chiffres-clés ; puis le poste : les grandes missions, les principales responsabilités.

Il est non seulement permis, mais plutôt vivement conseillé de montrer votre curiosité : faire préciser l'organigramme, demander des informations sur les outils informatiques, sur une politique d'assurance qualité, sur la communication interne.

Vous pourrez vous dispenser en revanche de commencer par le nombre de jours de vacances, le nombre de RTT et le montant du chèque-restaurant ! C'est au mieux un aspect que l'on peut préciser, en fin d'entretien, dans le cadre plus global de la question de la rémunération, en laissant l'initiative au recruteur.

Évitez les prises de position tranchées

NE FERMEZ PAS LE DIALOGUE !

« Je ne peux pas supporter de travailler en open space ! Je n'accepte pas les déplacements qui m'obligent à passer une nuit hors de chez moi ! » Voilà des réponses particulièrement péremptoires qui risquent de refroidir votre interlocuteur.

SOYEZ HABILE

Plutôt que des affirmations qui ne donnent même pas envie d'en savoir plus, privilégiez des moyens plus pertinents de faire passer un message.

• Ainsi, sur la question de l'espace de travail, vous pouvez demander : « combien de personnes travaillent-elles sur le plateau ? L'isolation phonique est-elle bonne sur le poste de travail ? ».
• Vous pouvez aussi ajouter : « j'ai remarqué que j'avais plus de mal à me concentrer et à être efficace

et rapide lorsqu'il y a un environnement bruyant ». Ce qui ouvre la discussion. Votre interlocuteur pourra vous en dire alors plus sur le sujet.

... ET DIPLOMATE

• Sur le thème des déplacements : commencez par interroger votre interlocuteur sur leur fréquence. Il se peut très bien que cela soit au final assez rare.
• Ensuite, expliquez plutôt les difficultés que cela crée : « c'est pour moi une organisation compliquée, j'ai un enfant en crèche et il faut donc que je trouve une solution pour le faire garder ».
• Cela montre que malgré vos difficultés, vous recherchez les solutions possibles. Là, votre interlocuteur vous rassurera (ou non !) sur la fréquence éventuelle, sur les indemnisations prévues...
• Et si vraiment, cette condition est pour vous rédhibitoire, c'est en toute connaissance de cause que vous ne donnerez pas suite à votre candidature.

Maîtrisez votre expression orale

COMME UN PRO DE LA COM' !

Tout d'abord, quelle que soit votre perception de l'entreprise et de son environnement, gardez l'attitude la plus neutre possible.

- Même si le langage de votre interlocuteur vous paraît familier, voire relâché (« c'est cool votre CV »), n'allez pas sur ce terrain.
- Évitez les familiarités, les expressions que vous réservez aux échanges avec la famille ou les amis.
- Parlez posément, avec un débit qui permet de rester compréhensible (on estime à 160/170 mots par minute, le seuil à ne pas dépasser). Vérifiez lors d'un entraînement votre propre débit et soyez vigilant lors de l'entretien.
- N'oubliez pas que le ton de la voix influence la qualité du message, et qu'il faut savoir jouer avec le rythme, marquer une courte hésitation pour mettre en relief un mot-clé.

• Il existe à l'oral une « ponctuation sonore », tout comme le point ou la virgule à l'écrit, qui aide l'interlocuteur à traiter efficacement l'information qu'il reçoit.
Apprendre à moduler, à poser sa voix, à varier la tonalité vous permet de renforcer votre discours.

S'ENTRAÎNER À PARLER EN PUBLIC

Prendre la parole, c'est certes maîtriser ses émotions, vaincre son stress, nous le verrons un peu plus loin, mais c'est aussi bien respirer, poser la voix.

Cela suppose de s'écouter pour identifier ses faiblesses, puis de s'entraîner en utilisant des exercices simples, tels que ceux-ci, utilisés dans les formations théâtrales, pour améliorer sa diction :

- Combien ces six saucissons, six sous ceux-ci, six sous ceux-là, six sous ces six saucissons là !
- Dino dîna dit-on du dos d'un dodu dindon ?
- Ton thé t'a-t-il ôté ta toux tenace ?
- Seize jacinthes sèchent dans seize sachets sales.
- Il a mis une moustache postiche.
- Sachez qu'on chasse chez Serge !
- Trois très gros, gras, grands rats gris grattent.

Allez, au travail !

Soyez simple

Nombreux sont les candidats imaginant des stratégies complexes pour convaincre le recruteur qu'ils sont LE collaborateur indispensable.

- Ils assènent de longs discours en guise de préliminaires à l'entretien, discours sans valeur ajoutée qui peuvent vite agacer l'interlocuteur.
- Ils essaient de valoriser à l'excès telle ou telle expérience, qui est à leurs yeux significative, et de gommer telle autre, sans se préoccuper le moins du monde de l'avis et des attentes de leur vis-à-vis.

SOYEZ HONNÊTE

- Parlez de vous et de votre parcours avec naturel.
- L'autre doit sentir que le discours que vous tenez sort de votre bouche et pas d'un manuel de préparation aux recrutements !
- Ne laissez pas le doute vous assaillir. En revanche, si vous avez une question, si vous pensez ne pas maîtriser un aspect du poste qui n'apparaissait pas dans l'annonce, parlez-en et réfléchissez avec l'interlocuteur sur les moyens possibles d'être à la hauteur comme si on vous faisait déjà confiance.

« ORIENTÉ SOLUTIONS »

- Faites des propositions simples pour répondre à des attentes qui ne sont pas si complexes dès lors que sur l'essentiel de l'emploi, vous correspondez aux besoins de l'employeur.
- Cette honnêteté et cette volonté d'être « orienté solutions » peuvent le séduire.

UN EXEMPLE DE SINCÉRITÉ

- « C'est vrai que je ne maîtrise pas ce logiciel, mais je pense qu'une formation de 8 jours me permettrait d'atteindre un niveau suffisant ».
- « Je n'ai jamais animé de réunions, mais je suis sûr de pouvoir apprendre très vite, et dès demain je vais me plonger dans un ouvrage spécialisé avant même de pouvoir aller en stage ».

Parlez positivement de vos expériences

Tous les recruteurs savent bien que certaines expériences professionnelles ne se sont pas toujours passées dans les meilleures conditions.

Des relations difficiles avec des collègues ou un supérieur hiérarchique, un stage qui n'a pas tenu ses promesses et qui a maintenu l'étudiant sur des tâches ingrates et sans aucune valeur formative, un départ lié à un licenciement économique, un CDI promis, qui n'est jamais venu...

Nombre de candidats sont passés par là, et le contexte économique, les logiques d'entreprise vont probablement continuer à accentuer ce mouvement.

PAS DE RÉACTION AFFECTIVE

- Le candidat doit pouvoir en parler factuellement et passer rapidement à des étapes plus positives de son parcours.
- L'incapacité qu'éprouvent certains demandeurs d'emploi à évoquer ces moments, en se dégageant

des réactions affectives joue contre eux :
- « On m'a menti, je me suis fait bien avoir dans l'entreprise X... ».
- « C'est une entreprise où l'on ne respecte pas les salariés ».
- « Les managers de cette entreprise sont tous en bout de course, incapables de manager des jeunes ».
Difficile de ne pas imaginer le candidat en train de s'exprimer sur l'entreprise qui s'apprête à le recruter ou sur son nouveau manager avec le même manque de recul, dans les mois qui vont suivre...
• Soyez donc attentif à votre discours.

À RETENIR

La personne qui nous parle de son parcours doit savoir prendre du recul, identifier éventuellement sa part de responsabilité, tirer des enseignements positifs d'une expérience difficile, distinguer évaluation et jugement sur les personnes.

Évitez les réponses frontales

… ET NÉGATIVES

« – Que retenez-vous de votre dernière mission ?
– Elle ne m'a rien apporté du tout, je m'ennuyais dans la grande distribution, c'était répétitif et mes capacités étaient sous-exploitées. »

Quel dommage pour ce candidat de n'avoir vraiment trouvé aucun intérêt au fait d'avoir exercé, dans un poste sous-dimensionné peut-être, mais dans une entreprise ou un secteur d'activité qu'il ne connaissait pas et où il pouvait y avoir des opportunités plus en rapport avec ses compétences et ses centres d'intérêt.

« NON, CE N'EST PAS POSSIBLE ! »

« – Êtes-vous prêt dans un premier temps à accepter un poste qui supposerait de réaliser quelques heures supplémentaires hebdomadaires ?
– Non, ce n'est pas possible, j'ai de nombreuses

activités sportives et culturelles. Je ne souhaite pas bousculer mon planning ».

S'ADAPTER

Pourquoi ne pas avoir cherché à en savoir un peu plus ? Certes, c'est un surcroît de travail, mais de combien d'heures s'agit-il au juste ? Pendant combien de temps ? Quelle est la rémunération complémentaire ?

Le recruteur se pose forcément des questions sur les qualités d'écoute, d'adaptation et de négociation de ces futurs salariés et sur leur capacité d'engagement dans le poste qui est proposé.

Qu'il puisse y avoir des réticences, des hésitations, c'est tout à fait compréhensible dès lors qu'il y a questionnement, ouverture, propositions alternatives.

• Soyez vigilant à tous ces aspects : posez à votre interlocuteur des questions nuancées, constructives et reformulez en faisant part de vos interrogations.

• Vous pouvez utiliser, pourquoi pas, une petite pointe d'humour bon enfant, mais bannissez l'agressivité sous toutes ses formes.

Valorisez votre formation

SOYEZ L'ACTEUR DE VOTRE PARCOURS

« J'ai fait un mastère en droit international. Je suis diplômé de l'école Z. ». Certes, nous savons dans les grandes lignes ce que sont ces diplômes. Mais ne restez pas sur cette information sommaire.

Valorisez les contenus, précisez qu'ils apportent une plus-value dans un domaine très précis, que la pédagogie mise en œuvre a permis de tirer profit des stages qui se sont déroulés dans des entreprises intéressantes, qu'ils ont permis d'approfondir au travers d'un mémoire tel ou tel aspect qui peut tout à fait intéresser l'interlocuteur.

ENTRAÎNEZ-VOUS

Si les élèves des grandes écoles sont souvent entraînés à ce type d'exercice, ce n'est pas le cas de ceux qui sortent des lycées et des universités.

UN EXEMPLE

« Ce DUT m'a permis d'approfondir mes connaissances en gestion, comptabilité, et j'ai eu l'occasion de travailler sur l'analyse d'un bilan d'entreprise de manière très détaillée. 30 % des intervenants étaient des professionnels de l'entreprise. Nous nous sommes entraînés sur de nombreux cas réels et j'ai passé 6 mois sur le terrain, en assistance d'un directeur financier. »

- Alors, préparez avec soin cette partie de l'entretien. Trouvez des moyens d'enrichir l'information adressée au recruteur, de lui donner envie d'en savoir plus.
- Vous allez ainsi témoigner de votre capacité à valoriser votre expérience et montrer que vous étiez vraiment investi dans votre propre formation.
- Sans tirer de conclusions hâtives, on peut se dire que vous pourriez bien en faire de même dans le poste qui vous sera confié.

Détaillez vos compétences

Parce que certaines compétences sont transversales, vous devez les identifier au préalable.

Nous vous proposons de les lister et de les organiser ensuite de la manière suivante :

• Savoirs : ce sont les connaissances dans différentes disciplines acquises au cours de vos formations, de vos expériences professionnelles ou extraprofessionnelles. Exemples :
– Connaissance de la réglementation européenne en matière d'hygiène et sécurité.
– Connaissance du processus de fabrication de l'acier.
– Connaissance des techniques de commercialisation des produits alimentaires.

• Savoir faire : ce sont des compétences spécifiques à votre métier ou maîtrisés grâce à l'expérience.
– Élaborer une base de données clients sous Access.

- Assembler les différents éléments d'un PC livré en kit.
- Créer une campagne de communication sur Internet.

• Savoir être : ce sont les comportements, les qualités relationnelles.
- Manager des équipes de 5 à 10 personnes.
- Gérer les relations humaines dans une période de crise.
- Faire face efficacement à des clients exigeants.

• Compétences spécifiques : ce sont, par exemple, les compétences linguistiques.
- Anglais : lu, écrit, parlé : score TOEFL 610
- Espagnol : scolaire.

• Compétences bureautiques : maîtrise de Word, utilisateur Excel et Power Point.

Cela vous permet à la fois d'identifier toutes vos compétences et de présenter le cas échéant un tableau de ce type à votre interlocuteur, comme base d'échange.
L'important est d'avoir réalisé ce travail de réflexion et d'organisation.

Valorisez vos expériences extraprofessionnelles

RÉVÉLEZ VOTRE PERSONNALITÉ

Vous vous êtes investi dans l'aide aux devoirs d'enfants de votre quartier, vous organisez un tournoi sportif dans votre club, vous collaborez aux activités de la banque alimentaire ?

• Outre le fait de montrer votre engagement citoyen, votre intérêt pour les autres, vous témoignez en filigrane de compétences relationnelles, pédagogiques, d'un sens de l'organisation qui peut tout à fait se révéler utile dans l'exercice de votre activité professionnelle.

• Ce n'est pas seulement l'expérience en elle-même qui est intéressante, mais ce qu'elle révèle également sur certaines valeurs, certains aspects de votre personnalité.

• Pour qu'elle soit valorisée, détaillez des actions,

votre rôle précis, des résultats obtenus. Montrez qu'elle s'inscrit logiquement dans votre projet personnel. Si cette expérience a une valeur importante à vos yeux, elle en aura aussi une à ceux de votre interlocuteur.

LES RUBRIQUES DE FIN DE CV

- La lecture (quel scoop, vous savez lire !) mais que lisez-vous plus précisément : des nouvelles, des romans policiers historiques, la presse économique chaque jour ?
- Le cinéma (franchement, vous pouvez avoir vu les Ch'tis ou Camping 2, pas sûr que cela donne envie d'en savoir plus). En revanche, si vous avez une passion pour le cinéma italien des années 70, les documentaires animaliers, cela peut éveiller la curiosité.
- Le sport : oui, si vous êtes un vrai amateur.
- Les arts : si vous êtes un vrai connaisseur dans un domaine précis ou que vous pratiquez.
- Évitez d'inventer une passion dans un domaine où l'interlocuteur pourra découvrir que vous ne connaissez pas grand-chose. Cela rendra peu crédible l'ensemble de vos propos et des informations fournies.

Ne mentez pas sur votre parcours

UN CV ATYPIQUE : LA NORME !

Une période de quatre mois sans activité professionnelle ? Un stage qu'il serait tentant de « requalifier » en CDD ? Une expérience de coordination transformée en responsabilité managériale ?

LES « TROUS » DU CV

• Vous êtes inquiet car vous trouvez votre CV plutôt pauvre. Il présente à vos yeux des « anomalies », des « trous » qui vont alerter le recruteur.
• Pour autant, devez-vous « maquiller » le CV ?
• Selon nous, la réponse est non. Bien sûr, rallonger de deux mois une période d'activité pour être « raccord » avec le contrat suivant est une modification bénigne. Mais est-ce bien utile ?

Le parcours atypique est depuis quelques années la norme. Il est bien rare qu'avant le premier CDI,

un jeune n'ait pas dû enchaîner stages, séjours à l'étranger, CDD de courte durée. Ce sont d'ailleurs parfois de riches périodes sur le plan du développement des compétences !
Les collaborateurs et les cadres qui ont plus de 40 ans ont régulièrement connu une ou plusieurs périodes d'inactivité, qu'ils ont d'ailleurs parfois mise à profit pour compléter leur formation ! Il n'y a aucune raison d'en rougir.

LA COHÉRENCE D'ENSEMBLE

- Ce qui est important, c'est pour chaque expérience d'en souligner les principales missions, les réalisations, les résultats obtenus.
- C'est plus une cohérence d'ensemble, un projet professionnel que l'on va rechercher en filigrane, qu'un parcours « lisse » où les expériences s'enchaînent à la journée près !
- Et n'oubliez pas le risque du mensonge : si vous êtes pris en flagrant délit sur un seul point, c'est l'ensemble des informations fournies qui peuvent être remises en cause.

Valorisez vos réussites individuelles

Il s'agit d'approfondir la présentation d'une expérience, une action menée, un projet mené à son terme, et d'exposer quelles ont été les moyens mis en œuvre, les stratégies imaginées, les obstacles rencontrés et dépassés, pour montrer des compétences mobilisées dans l'action qui ont permis d'atteindre un résultat probant.

PRÉPAREZ-VOUS À CET EXERCICE

Comme il est difficile de réaliser cet exposé en situation sans préparation préalable, nous vous invitons à identifier dans votre parcours une ou deux situations qui pourraient illustrer cette capacité à atteindre des objectifs individuels pour en parler si le recruteur le souhaite.

Vous pouvez sélectionner une mission qui est le cœur de votre métier, un projet ponctuel qui vous a été confié ou bien pointer une capacité d'innovation qui a été payante.

QUELQUES EXEMPLES

• « Dans mon poste précédent, j'ai pu prendre en charge le développement d'un nouveau point de vente qui a dégagé des bénéfices dès la première année ».

• « J'ai eu la responsabilité d'accueillir, d'intégrer et d'accompagner au quotidien deux nouveaux vendeurs à qui j'ai expliqué les points-clé des contrats. Ils ont dépassé leurs objectifs annuels »

• « J'ai conçu une base de données qui nous a permis de gérer plus efficacement notre fichicr clients et de générer l'envoi automatique de mailings ».

À FAIRE

Reprenez votre CV maintenant et repérez à votre tour deux ou trois réussites personnelles. Faites-en ressortir les principales caractéristiques et entraînez-vous à en faire la présentation.

Votre apport à une réussite collective

On le constate fréquemment dans les entreprises, la complexité des processus, la diversité des tâches suppose de fédérer au sein d'un projet, des collaborateurs exerçant des métiers différents.

Cela nécessite de développer plus de compétences, notamment comportementales : écoute, coopération, responsabilité sociale.

- Soulignez les vôtres au travers de votre action dans un projet collectif.
- Avec qui avez-vous travaillé ? Et selon quelles modalités ? Pour obtenir quels résultats ? Et quelle était votre contribution ?

« En travaillant en mode projet, nous avons en trois semaines sélectionné un nouveau logiciel. J'ai réalisé la sélection des fournisseurs en une semaine pour ma part ».

- Pour démontrer vos qualités dans ce domaine, identifiez ces actions pour vous préparer aux quelques questions qui précèdent.

Laissez des temps de respiration

Vous êtes dans un entretien de recrutement, pas dans une partie de ping-pong effrénée ! Votre interlocuteur n'attend pas une réponse dans la seconde qui suit la fin de sa question.

- Prenez le temps de réfléchir à la question posée quelques secondes (et de la reformuler ou de demander une précision le cas échéant), d'organiser votre réponse.
- Lorsque vous avez terminé, laissez le temps à l'autre d'en prendre la mesure et ne cherchez pas immédiatement à compléter.
- Ces « respirations » sont des temps nécessaires aux deux personnes qui se rencontrent.
- Les silences sont l'équivalent à l'oral de la ponctuation à l'écrit. Ne soyez pas angoissé par la peur du « blanc », vous n'êtes pas sur un plateau télévisé et vous avez plus de deux minutes pour convaincre ! Si votre silence vous parait long, ce n'est pas forcément la perception qu'en aura votre interlocuteur.

Connaître les rôles-clés d'un poste

Vous trouverez aisément dans les ouvrages spécialisés ou sur le Web, les principales missions, les rôles-clé de la fonction à laquelle vous postulez.

On en trouve en général trois à cinq, qui pointent les connaissances mises en œuvre, les savoir-faire spécifiques attendus et les compétences relationnelles qui doivent être mises en œuvre.

Parfois appelés missions, ces rôles-clés peuvent ensuite se décliner en tâches et permettent d'imaginer le collaborateur en action et prévoir les résultats qu'il peut obtenir.

Ainsi, pour un chef de rayon :

- Veiller à la bonne gestion des stocks et passer les commandes.
- Choisir les gammes de produits et leur implantation en linéaire.
- Recruter et accompagner le développement des vendeurs.

- Rencontrer les fournisseurs et mettre en place des opérations de promotion.
- Développer le chiffre d'affaire du rayon et veiller à la rentabilité.

Ou encore, pour un téléopérateur :

- Gérer l'information, saisir des données.
- Réceptionner des appels entrants ou émettre des appels sortants.
- Réaliser toutes les tâches administratives liées au compte client.

Recherchez les similitudes avec les compétences que vous avez pu mettre en œuvre dans d'autres postes le cas échéant. Vous montrerez ainsi que vous avez une bonne compréhension de la fonction et que vous saurez répondre aux attentes de l'employeur.

CONSEIL

À vous de rechercher, selon le poste que vous visez, les principales spécificités qui vous conduiront à exercer avec succès votre future fonction.

Écoutez et reformulez

On parle souvent d'écoute empathique, et ce n'est pas une figure de style. Écouter, c'est observer l'interlocuteur, car l'expression passe bien au-delà des mots, par les intonations, la posture, les gestes, les mouvements.

ÉCOUTEZ, ANALYSEZ

Écouter, c'est prendre le temps d'analyser le message, reformuler, laisser un temps nécessaire à la préparation de la réponse qui va suivre si la question posée suppose d'apporter une information complexe.

Sans doute le stress, parfois le désir de prouver que l'on a la bonne réponse poussent les candidats à se lancer dans de longues explications, sans réaliser qu'ils n'ont tout bonnement pas écouté, ou simplement pas compris la question qui leur était posée.

QUELQUES EXEMPLES

- Il suffit pourtant de l'exprimer : « Je ne suis pas certain d'avoir compris ce que vous attendiez » ;
- ou mieux encore de formuler une hypothèse : « vous souhaitez que je détaille tous les stages que j'ai effectués ? »
- Parfois, lorsque la question est très ouverte– « parlez-moi de vous ? », il est préférable de faire préciser les attentes : « vous souhaitez que je vous retrace brièvement les grandes étapes de mon parcours professionnel ? » ;
- ou de faire une proposition : « souhaitez-vous que je vous présente d'abord mon parcours professionnel et que j'enchaîne sur mes centres d'intérêt ? »

Reformuler permet donc à la fois de mieux comprendre le besoin exprimé et d'adapter au mieux la réponse à ce qui est souhaité.

Cela montre vos qualités d'analyse et votre capacité à vous centrer sur le besoin de votre interlocuteur. Et surtout, vous évitez de longues digressions qui risquent de l'agacer ou de l'ennuyer profondément !

Précisez vos prétentions salariales

Pour formaliser vos prétentions salariales, thème souvent abordé en fin d'entretien, deux éléments essentiels sont à prendre en compte.

• Le niveau moyen de rémunération pour des postes équivalents dans la région, dans le secteur d'activité, en lien avec votre degré d'expertise dans la fonction et vos diplômes. Il existe pour cela sur Internet de nombreux indicateurs qui peuvent vous aider à vous y retrouver.

À RETENIR

• N'oubliez cependant pas de tenir compte des avantages tels que chèques-restaurant, mutuelle, véhicule de fonction.

• Parfois ce salaire annuel sera payé sur 13, voire 13,5 mois.

• Votre dernière rémunération, en sachant néanmoins qu'elle n'est qu'indicative. Votre futur employeur n'est pas tenu par principe de vous faire une proposition à ce niveau s'il se trouve que vous avez été particulièrement bien rémunéré ces dernières années, quelles qu'en soient les raisons.

UN COMPROMIS

Il s'agit de trouver un compromis entre le niveau de rémunération du marché et l'expression de votre attente.

Si l'écart est trop important, et aussi intéressante que soit votre candidature, vous risquez de passer à côté du poste, car l'employeur doit veiller à l'équité entre les collaborateurs de l'entreprise et à la cohérence des salaires entre des collaborateurs de niveau de formation équivalent dans les différents services de l'entreprise.

• Concrètement, vous préciserez vos attentes en un salaire brut annuel, en sachant qu'il faut repartir du net mensuel (ce que vous souhaitez recevoir) en multipliant par 12 et en rajoutant environ 30 %. « Je veux gagner 1400 euros par mois. J'aurai environ 1800 euros de salaire brut mensuel donc je demande 21600 euros annuels ».

Acceptez des compromis

Vous pouvez découvrir que l'emploi qui vous avait fait rêver comporte au final moins de responsabilités, des tâches plus répétitives et des contraintes.

• Faites préciser de quelle manière et dans quels délais votre fonction pourra évoluer.
• N'oubliez pas que c'est aussi, sur le terrain, quand vous aurez montré vos qualités professionnelles qu'on sera tenté de faire évoluer votre poste.
• Si l'entreprise est intéressante, les moyens proposés pour progresser importants (politique de formation, tutorat, par exemple), cela peut valoir le coup de tenter l'expérience.

On vous propose un CDD ; si l'entreprise est en forte activité, les possibilités d'être intégré ne sont pas négligeables, même si l'employeur ne s'y engage pas.

Prenez des notes

Au cours de l'entretien, c'est important. Cela ne veut pas dire tout retenir mais :

- noter un point sur lequel vous pensez important de revenir par la suite ;
- retenir un mot, un chiffre-clé, un nom, bref, une information que vous pourrez réutiliser un peu plus tard dans les échanges.

Revenez à vos écrits, aux différents moments de l'entretien, pour nourrir votre propos, et prendre un petit temps de réflexion avant de vous lancer dans une nouvelle réponse.

- Attention en revanche à ne pas vous plonger dans l'écriture au détriment de la qualité de votre écoute. Il s'agit de saisir quelques informations à la volée, rien de plus !
- Votre peur de « rater » des informations ne doit pas l'emporter. Ne vous réfugiez pas dans l'écrit pour cacher votre timidité ou votre malaise.
- Vous êtes dans une relation, c'est le contact qui prime !

Gérez votre stress

S'il est commun de parler de son stress dans différentes situations de la vie professionnelle, le vivre dans des moments difficiles comme une recherche d'emploi est tout à fait légitime.

Le stress est une réaction d'adaptation normale face à une situation nouvelle, un changement. Nous sommes bien dans ce cas de figure !

BON ET MAUVAIS STRESS

Il faut d'ailleurs distinguer le stress qui paralyse, qui donne l'impression de perdre tous ses moyens en situation d'entretien, du « bon stress », celui qui stimule, qui mobilise toutes les ressources énergétiques et qui facilite le passage à l'action. C'est le bon stress qui va vous aider à vous valoriser dans ce moment.

- Mais attention, quand la situation se prolonge, notre organisme s'épuise, le stress devient dangereux ; il peut même conduire à l'épuisement.

• Penser à la situation des heures à l'avance, se mettre plus de pression que nécessaire peut se révéler contre-productif.

QUELQUES CONSEILS...

Pour réduire le stress et être en pleine forme le jour J :
• La veille, prévoyez une bonne nuit de sommeil, pas moins de 7 heures.
• Prenez un petit-déjeuner copieux et équilibré avant de partir.
• Si l'entretien a lieu dans l'après-midi, déjeunez légèrement, sans alcool et sans café (limitez la cigarette qui à la longue renforce les angoisses).
• Parlez de vos craintes à un ami, un membre de la famille, pour vous aider à relativiser.
• Faites un peu de relaxation avant de partir de chez vous ou permettez-vous une activité distrayante.

À RETENIR

Il est donc important d'identifier vos facteurs de stress et de mettre en place une stratégie pour y faire face efficacement.

Travaillez sur les émotions parasites

L'INTELLIGENCE DES ÉMOTIONS

Derrière de nombreuses situations vécues comme stressantes, on retrouve les émotions. C'est un sujet souvent tabou, souvent connoté négativement dans l'éducation.
Qui n'a pas entendu dans son enfance : « tu es adulte, tu n'as pas de raison d'avoir peur », « tu ne dois pas exprimer ta colère », « je n'aime pas te voir triste, fais-moi un sourire ».

APPRIVOISER SES ÉMOTIONS

Nous apprenons souvent à masquer l'expression de nos émotions et c'est regrettable. Les émotions font partie de la vie et il faut les apprivoiser, en parler, d'une manière bien évidemment adaptée aux contextes et aux interlocuteurs.

Avoir peur avant un entretien est une réaction tout à fait compréhensible, mais cette crainte se travaille, pour en réduire les effets négatifs dans la vie quotidienne.

TRAVAILLER LA CONFIANCE EN SOI

Cette peur renvoie d'ailleurs à l'image de soi, à la confiance que l'on s'accorde. C'est sur cette dimension-là qu'il faut travailler. Plus la confiance augmente, plus la peur s'estompe.

- Listez dans un tableau en trois colonnes ce dont vous êtes fier, ce que vous réussissez ; ce que vous réalisez correctement ; ce que sont vos difficultés, vos « zones d'effort ».
- Commencez impérativement à remplir la première colonne. Abordez sans tabou le contenu de la troisième colonne.
- Vous chercherez dans un second temps comment progresser ou à tout le moins éviter que cela nuise à la qualité de votre travail.

DÉCODER LA COLÈRE

Ressentir une colère est aussi naturel. Il s'agit d'identifier ce qui la déclenche et d'apprendre à repérer ce qui est réellement en jeu. Derrière la colère contre le recruteur qui ne vous comprend pas, il peut y avoir par exemple la colère contre soi, car on ne se trouve pas à la hauteur, on ne sait pas bien se valoriser.

• Décrivez une situation où vous sentiez la colère monter. Quelle en était la raison apparente ? Quelles autres raisons cachées pourraient l'expliquer ? Apprenez à décoder vos colères pour mieux gérer ces tensions émotionnelles fortes.

L'INTELLIGENCE ÉMOTIONNELLE

• C'est la capacité à mobiliser des compétences, des aptitudes en situation, pour faire face avec succès aux pressions de l'environnement.

• À côté des intelligences logico-mathématique et linguistique, l'intelligence émotionnelle est une des atouts de la réussite professionnelle.

• Elle se développe tout au long de la vie. Durant les phases de changement, de remise en cause de soi, elle va faire la différence et permettre d'atteindre les objectifs que l'on s'est fixés. Y travailler vous aidera à réussir les recrutements !

Les situations déstabilisantes

Apprenez à identifier les situations déstabilisantes.
• Un interlocuteur qui ne vous regarde pas dans les yeux.
• Un vis-à-vis qui tapote nerveusement son stylo sur la table.
• Un inquisiteur qui vous questionne sur des détails insignifiants.
• Un hyperactif qui classe ses documents et semble tout à fait ailleurs lorsque vous répondez.

Ces situations vous perturbent-elles, au point de vous faire perdre vos moyens ? Peut-être leur donnez-vous un sens qu'elles n'ont pas ? Celui qui fuit votre regard peut être un timide. Celui qui joue avec son stylo est un grand stressé. L'inquisiteur, un inquiet qui a besoin de se rassurer en permanence. Celui qui fait autre chose est néanmoins centré sur votre discours !

Arrêtez de penser que c'est à cause de vous. Concentrez-vous sur votre discours et avancez !

Parlez de votre projet professionnel

Il vous sera souvent demandé comment vous imaginez votre avenir, professionnellement parlant, quel est votre métier-cible, quels sont vos souhaits d'évolution ?

QUELQUES RÈGLES DE BASE

• Répondez le plus honnêtement possible en évitant quand même de donner l'impression de quelqu'un qui voudrait griller toutes les étapes. Par exemple « je voudrais occuper le poste de mon chef dans 2 ans », n'est pas franchement une réponse adéquate !!!

• Rien ne vous empêche d'en avoir le désir secret, mais dans l'immédiat, le poste n'est pas libre, et rien ne dit qu'on estimera, même si c'était le cas dans quelque temps, que vos compétences vous le permettraient !

• En revanche, exprimer le désir de progresser à moyen terme vers une responsabilité d'encadrement peut être légitime, si vous en avez la motivation et que vous êtes prêt à travailler pour enrichir votre portefeuille de compétences.

• Il est possible de viser un poste d'expert ou de passer du commercial au marketing, de la communication à la gestion des ressources humaines.

• Il est à noter qu'on a trop valorisé l'évolution vers l'ascension hiérarchique. Nombreux sont ceux qui souhaitent évoluer vers d'autres activités, un nouveau métier, et c'est tout aussi noble !

MONTRER SON DÉSIR D'ÉVOLUER

L'envie d'évoluer professionnellement est positive et plutôt naturelle. L'ambition est un moteur pour l'individu et elle doit être valorisée.

Au-delà du désir de réussite sociale qui peut pousser certaines personnes à arriver à un objectif par tous les moyens, ce qui a souvent donné un sens négatif à ce mot, « l'ambition », c'est d'abord un « vif désir de réussir quelque chose ».

Vu sous cet angle, quel employeur ne souhaiterait pas recruter un salarié ambitieux ?

Identifiez vos qualités et vos défauts

UN CLASSIQUE DU GENRE

Ah, le fameux thème des qualités et des défauts ! Cela paraît une question « bateau ». Averti du « rituel », vous avez imaginé deux ou trois qualités, et deux ou trois défauts qui, si le recruteur voulait bien creuser, pourraient bien ressembler en fait à des qualités.

• Ainsi, le comptable : « je suis parfois un peu trop méticuleux » (mais va-t-on franchement reprocher cela à ce type de professionnel ?).
• Le commercial « je suis plutôt impatient » (on est prié de comprendre qu'il va foncer et chercher encore plus de clients !).

DE LA LUCIDITÉ !

Parfois, ou pourra vous demander de citer vos 5 principales qualités et vos 5 principaux défauts. Et une fois les premières citées, vous risquez bien de vous trouver à court !

Et que penser d'un candidat qui ne se trouve que des qualités ou au contraire que des défauts ? A minima, qu'il est probablement peu lucide et objectif, peut-être aussi qu'il manque franchement d'humilité ou à l'inverse qu'il a de lui une image assez dévalorisée.

Il est donc plus sage de montrer que vous connaissez vos défauts et que vous êtes attentifs à les corriger :

- « Je suis d'un naturel brouillon, alors je m'oblige chaque jour à planifier mes tâches et j'ai mis en place un système de classement de ma documentation ».

Sachez qu'on peut vous demander d'illustrer ces qualités et ces défauts :

- « Exposez-moi quelques situations professionnelles vécues au cours desquelles ces qualités se sont exprimées ? » ou « au cours desquelles ces défauts vous ont pénalisé ? ».

Parlez sans crainte de vos échecs

ÉCHOUER, C'EST AUSSI ENTREPRENDRE !

Personne (pas même le recruteur qui est en face de vous ou l'auteur du présent livre !) n'oserait prétendre n'avoir jamais rencontré de difficultés, jamais subi un échec.

CE QU'ON ATTEND DE VOUS

C'est inhérent au fait même d'agir, d'entreprendre, d'oser. Affirmer que cela nous est étranger ne ferait que trahir un immobilisme, une incapacité à innover, un manque total de réalisme ou un goût prononcé pour le mensonge !

- Ce que votre interlocuteur attend, c'est qu'au-delà de ces difficultés, à la suite de cet échec, vous soyez capable d'analyser ce qui s'est passé, ce que vous avez compris de vos erreurs.
- C'est également que vous lui parliez des ensei

gnements que vous en avez tirés, des mesures que vous avez prises pour aller de l'avant et pour ne plus vous retrouver dans la même situation au fil des années.

QUELQUES EXEMPLES

Voici quelques exemples d'échecs qui ont permis de progresser. Parlez donc des vôtres !

- « J'ai échoué dans mon premier poste de manager, car j'étais convaincu qu'il suffisait d'imposer une bonne organisation pour obtenir des résultats. Depuis, j'ai compris qu'il fallait échanger, prendre en compte les idées de l'équipe, intégrer des points de vue différents pour faire accepter une organisation qui permette de réussir ».
- « Je voulais tellement réussir les ventes que je n'étais pas à l'écoute du client, je passais en force et j'arrachais la signature. Mais il y avait un tel taux de rétractation que je ne suis pas allé au-delà de la période d'essai. Depuis, je m'efforce de comprendre le besoin de mon client, d'être plus dans le conseil, quitte à rater une vente. Le client reviendra alors vers moi ! »

Sachez bien conclure l'entretien

De la même façon qu'un entretien se prépare, que se précise au début ce que seront les « règles du jeu », il est important de se séparer en ayant reformulé clairement les points-clés de la procédure de recrutement :

- « J'ai retenu que vous aviez une dizaine de candidats à rencontrer et que je serai informé dans 15 jours environ de la suite donnée à ma candidature ».
- « J'ai bien compris que ce qui vous intéresse le plus dans ma candidature, c'est mon expérience dans la société X et ma maîtrise du logiciel Z, même si mes prétentions vous paraissent au-dessus de ce qui a été envisagé ».

Informez- vous aussi de la manière dont la réponse va être donnée (mail, téléphone) et précisez que vous rappelerez si vous n'avez pas eu l'information dans les délais annoncés, du moins si vous êtes toujours motivé par le poste à la fin de l'entretien !

Demandez un feed-back

Il est intéressant d'oser demander à votre interlocuteur ce qu'il a pensé de votre candidature, ce qu'il retient de cet entretien. L'intérêt est pour nous au moins triple. Cela montre :

• que vous portez un intérêt à votre interlocuteur, à ce qu'il a perçu, ce qu'il a ressenti ;

• que vous souhaitez progresser en permanence et que ce que l'autre dit peut vous aider à corriger et à préciser vos propos ;

• qu'il peut y avoir eu une compréhension erronée de votre vis-à-vis, et qu'il est encore temps de rectifier ou de compléter une information retenue...

– « Ai-je résumé clairement mon parcours ? »

– « Les réponses à vos questions vous paraissent-elles adaptées et suffisamment complètes ?

– « Y a-t-il des éléments dans ma présentation qu'il conviendrait de préciser plus ? »

Auto-évaluez votre prestation

C'est une étape importante, que vous devez réaliser assez vite, pour que les éléments essentiels de l'entretien soient encore bien en mémoire. Travaillez en « miroir », en essayant de vous mettre à la place de votre recruteur :

- « Ai-je été clair, convaincant ? »
- « Que puis-je améliorer ? Quelles informations pourrais-je donner de manière plus précise ? »
- « Des éléments de mon expérience et de mon parcours que je devrais savoir mieux valoriser ? »

À RETENIR

Remémorez-vous les différentes étapes de l'entretien et repérez celles où vous avez senti votre interlocuteur dubitatif, insatisfait par votre réponse. Vous allez pouvoir vous remettre au travail, pour faire face à des questions similaires.

Assurez le suivi de l'entretien

Votre interlocuteur vous avait dit qu'il vous répondrait sous huit jours. Il a sans doute eu beaucoup d'autres dossiers à gérer entre-temps, surtout si c'est un patron de PME ou un manager. Ne le harcelez pas le matin du 8e jour. Néanmoins, vous pouvez vous manifester par mail au bout du 9e jour, pour demander par exemple s'il est possible de vous préciser à quel moment la décision sera prise.

Cela montre au moins que ce poste vous intéresse réellement. Attention à ne pas être formaliste « j'attendais ce matin une réponse que je n'ai pas reçue ».

À SAVOIR

Retenez le nom de la personne qui vous a accueilli et passez-lui un coup de fil ou envoyez-lui un mail pour lui demander si elle sait où en est le processus de recrutement.

Soignez votre image sur les réseaux sociaux

Il est frappant de voir l'importance que les réseaux comme Facebook, Viadeo ou autres Linkedin ont pris dans la vie sociale, au point de révéler chez certains une véritable addiction.

LA TOILE OÙ TOUT S'EMMÊLE

Mais il est tout aussi étonnant de constater combien certaines personnes laissent s'installer la confusion la plus totale entre leur vie professionnelle et leur vie personnelle.

Les frontières sont abolies, on regroupe tout : la famille, les copains, les collègues. « C'est tellement plus sympa ! ». Est-ce si sûr ?

S'il est vrai que maintenant, le recruteur a été « googlisé » par le candidat, ce dernier oublie souvent que son interlocuteur aura fait la même chose. Et que les commentaires un peu cyniques laissés sur la dernière soirée au travail, les photos lascives sous le soleil des tropiques et le récit de fréquentes soirées « clubbing » bien arrosées, suivies de « congés de maladie » n'auront pas forcément donné une image très positive.

DU BON USAGE DES RÉSEAUX

Si, comme nous l'avons indiqué précédemment, ces réseaux peuvent s'avérer des atouts en matière de mise en relation et de recueil d'information, il s'agit de les utiliser de façon subtile et de poser les frontières entre l'intime et le professionnel.

Il est certainement préférable de choisir un mode de communication avec ses amis et sa famille qui gardera le caractère confidentiel qui sied à ce type de relation.

À RETENIR

N'oubliez pas que les informations qui apparaissent sur la Toile sont parfois très anciennes et ne disparaissent pas comme par enchantement.

Préparez le recrutement en interne

Il est fréquent dans les grosses PME ou les groupes de proposer les postes qui sont à pourvoir à l'ensemble des collaborateurs de l'entreprise.

NE LE NÉGLIGEZ PAS

Le candidat déjà en poste dans la structure doit tout autant se préparer que ses « concurrents » qui viennent de l'externe. La quasi-totalité des règles exposées dans ce livre s'y appliquent.

Il est étonnant de voir que – parce que « je suis dans l'entreprise depuis 10 ans, « ils » doivent bien savoir ce que j'ai fait et ce que je vaux » –, certains candidats, déjà en place, ne formalisent pas de CV, ne rédigent pas de lettre de motivation digne de ce nom, et arrivent même à l'entretien les mains dans les poches.

Disons-le tout net : un entretien de recrutement interne suppose le même travail en amont de recherche d'information, de préparation sur la fiche de fonction, de mise en forme de l'expérience acquise pour convaincre les interlocuteurs – souvent des managers avec qui le candidat n'a jamais été en relation directe –, qu'il a bien le profil recherché.

Et ce sera parfois encore plus difficile que pour un candidat externe, si des rumeurs, pas forcément toujours flatteuses, ont été colportées par vos collègues ou par vos anciens supérieurs hiérarchiques.

On imagine bien que le manager qui recrute ne va pas s'arrêter à cela. Mais s'il rencontre un postulant qui a préparé l'entretien, développé un argumentaire, qui sait mettre en avant l'intérêt de ses expériences et de sa compétence pour le poste proposé, alors les chances de l'emporter seront beaucoup plus importantes.

À RETENIR

Le recrutement en interne se prépare comme un recrutement en externe.

Restez vous-même

C'est notre dernier conseil. Rien ne sert de travestir sa personnalité ou de tenter de le faire.

METTEZ-VOUS EN VALEUR...

Vous pouvez évidemment valoriser certains aspects de votre comportement, forcer un peu le trait par rapport à votre comportement habituel.

Ainsi, essayez de sortir un peu plus de votre réserve qu'à l'accoutumée, ou, au contraire, tournez sept fois votre langue avant de parler si vous êtes un incorrigible extraverti.

... EN RESTANT NATUREL

Il n'en reste pas moins que si vous tentez de composer un personnage qui n'est pas le vôtre, cela risque de se voir assez vite, car il vous faudra tenir sur la durée. Ne dit-on pas « chasser le naturel, il revient au galop ? ».

De toutes les manières, si toutefois vous intégrez l'entreprise, vous serez rattrapé par la réalité, au plus tard avant la fin de la période d'essai !

ASSUMEZ VOTRE STYLE

Cela vaut bien sûr aussi pour les sélections qui sont parfois réalisées en entretiens de groupe.

• Jouer le leader charismatique alors que vous êtes d'un naturel plutôt réservé, ne pas intervenir alors que tout dans votre comportement non-verbal montre que vous bouillez intérieurement d'être au cœur de l'action ne sont pas les meilleures façons de convaincre.

• Assumez ce que vous êtes, en gommant simplement les excès !

À SAVOIR

• On ne cherche pas nécessairement un profil prédéterminé.

• En revanche, on recherche une « vraie personne », qui montre ce qu'elle est, curieuse des autres, capable d'écouter, de coopérer…

• Un(e) candidat(e) qui sait faire preuve de mesure, de réactivité, de créativité selon les situations, mais aussi conscient de ses limites et à l'aise pour en parler !

Prenez le recul nécessaire

Vous avez étudié avec intérêt les 49 règles précédentes et un doute vous assaille : allez-vous être à la hauteur, compte tenu de toutes les exigences qui viennent d'être formulées... ?

LA RÉPONSE EST OUI !

- Vous n'allez pas ressembler au candidat modèle, et ça tombe bien, car il n'existe pas.
- Vous serez peut-être, au fil de l'entretien, dérouté par une question que vous n'aviez pas prévue : ce n'est pas très grave si vous avez été spontané et authentique tout au long de l'entretien.
- Votre interlocuteur vous pose peu de questions et c'est, selon vous, mauvais signe : n'oubliez pas qu'il y a différentes personnalités et le recruteur qui vous fait face est peut-être plutôt introverti. Sa réserve, ses questions brèves font partie de son mode de communication, mais ne sont en aucune façon un signe de désintérêt ou de jugement

négatif sur votre profil ou votre présentation.

- Vous avez eu un moment l'impression de perdre pied : pas de souci, vous avez reformulé la question, vous avez exprimé que vous aviez un peu de mal à répondre précisément ; puis, vous vous êtes lancé et ça s'est très très bien terminé.

RESTEZ OPTIMISTE

Abordez toujours l'entretien tout comme les différents interlocuteurs que vous rencontrerez sur un mode positif.

- Ils ne sont pas là pour vous juger, vous déstabiliser, mais bien pour comprendre en quoi vos compétences, votre expérience peuvent être utiles à leur entreprise. Il s'agit d'un choix important pour eux comme pour vous.
- Un recrutement raté coûte cher à l'entreprise, mais c'est aussi une épreuve pour celui qui ne va pas au bout de la période d'essai à la suite d'une erreur de casting.

Plus généralement, l'entretien de recrutement représente une expérience toujours difficile pour le nouveau recruté, qui se pose des questions (assez souvent à tort d'ailleurs !) sur sa valeur professionnelle.

• Mieux vaut jouer la carte de l'authenticité, aborder le plus largement possible tous les sujets qui permettront de valider, pour le candidat comme pour le recruteur, la bonne adéquation candidat/poste dans le contexte de l'entreprise.

À RETENIR

• Si vous n'avez pas eu ce poste, vous n'êtes pas nécessairement un « mauvais profil ».

• Il y a simplement une personne qui correspondait mieux aux attentes de l'employeur, ou du moins qui a su l'en convaincre !

• Revenez à la règle n° 1 et mettez-vous au travail, le prochain job sera pour vous. Que vous souhaiter de mieux en conclusion de ce livre !